遊んで育つ 手づくりおもちゃ

大江委久子
Ooe Ikuko

クリエイツかもがわ
CREATES KAMOGAWA

発達の過程で出会ってほしい
手づくりおもちゃ

　2015年1月から8月に、京都新聞に週に1度連載した「身近な材料で作って遊ぼう！」が、こうして本になりました。オリジナルのほか、すでに知られているおもちゃもありますが、連載ではそれらを、子どもの発達を助けるおもちゃという切り口で並べました。

　できるようになることに、順番の違いやこだわりの有無はあるにしても、どの子も日々成長していきます。その過程で、こんなおもちゃで遊ぶと楽しい時期があるよ、それが身近な素材で作れるよ、と伝えたいと思ったのです。また、伝承おもちゃにも先人の知恵が詰まっていることから、そのいくつかをテーマに合わせて紹介しました。

　ところで連載では、発達障害についても少しふれています。その道の専門家ではない私がそうしたいと思ったのは、静岡県富士宮市で発達障害児のデイサービス「療育学校ほおずき」を営む、伊藤昌江さんと出会ったことがきっかけです。伊藤さんとはある団体を通じて親しくなりました。療育に役立つ布おもちゃがほしいという彼女の思いに共感して、2008年の1年間、月に1度富士宮へ通う傍ら、伊藤さんを京都に招いて勉強会を開きました。そのときの伊藤さんのお話の内容と、それを聴いた参加者の発案で試作した布おもちゃの作り方を、本書にchapter 2として収録しました。ですので、まずそのお話から読んでいただくと、子どもの発達に関心を抱いたり、おもちゃの大切さに気づいていただけるのではないかと思います。

　おもちゃは、少なくとも子どもに与えるときは「これで遊ぶと○○ができるようになるよ」とは言わず、親子や友達とあそびの楽しさを共有する、コミュニケーションの道具であってほしいと願っています。

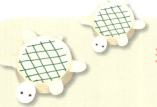

遊んで育つ手づくりおもちゃ
CONTENTS

- ● 発達の過程で出会ってほしい手づくりおもちゃ　　3

Chapter 1　作って遊ぼう　　6

呼吸で遊ぼう
- 1-1　フーフーボウリング　　8
- 1-2　くるくるアニメーション　　10
- 1-3　出てこいウサギ　　12
- 1-4　吹き矢　　14

両手で遊ぼう
- 2-1　ロケット発射！　　16
- 2-2　カメさんスイスイ　　18
- 2-3　ぶら下がりサル　　20
- 2-4　びゅんびゅんごま　　22

手首を使って遊ぼう
- 3-1　紙コップ絵合わせ　　24
- 3-2　牛乳パックで輪投げ　　26
- 3-3　うちわで遊ぼう　　28
- 3-4　紙鉄砲　　30

ひも通しで遊ぼう
- 4-1　ホースの首飾り　　32
- 4-2　洗濯物干し　　34
- 4-3　ひもでお絵かき　　36
- 4-4　からくりひも　　38

音と手触りで遊ぼう	5-1	キャップ de リズム	40
	5-2	聴いて当てっこ	42
	5-3	触って当てっこ	44
	5-4	糸電話	46

からだで遊ぼう	6-1	段ボールトンネル	48
	6-2	電車・ジャンボ鳩時計	50
	6-3	バランスの小径	52
	6-4	缶ぽっくり	54

ごっこあそびをしよう	7-1	おみせやさんごっこ	56
	7-2	お医者さんごっこ	58
	7-3	お化粧ごっこ	60
	7-4	図書館ごっこ	62
	7-5	写真屋さんごっこ	64
	7-6	手袋人形	66

Chapter 2　療育のための布おもちゃ　　68

- 2-1　子どもの初期感覚を育てるには《伊藤昌江さんのお話》　71
- 2-2　こんな布おもちゃがあったらいいな　74
  - その1　握りおもちゃ　74
  - その2　当てっこひきだし　76
  - その3　足裏マット　79
  - その4　布絵本「くまさんのおうち」　83

● あとがき　　93

chapter 1

作って遊ぼう

1-1 呼吸で遊ぼう

いくつたおせるかな？

フーフー ボウリング

　呼吸は、発声と密接な関係があります。息を深く吸って上手に吐けるようになると、発声がスムーズになり、言葉が出るきっかけになるといわれています。また、おなかから息を吸って吐く腹式呼吸を繰り返すと、腹筋が強くなります。さらに、深呼吸をすると気持ちが落ち着きます。息を吹きかけてボウリングのように倒す、紙のおもちゃを作ってみましょう。

材料
- コピー用紙
- イラストのシール
- など

息を大きく吸って、ゆっくり吹きかけて、一息で全部倒せるかな？

つくり方

1 コピー用紙を３×７cmの大きさに切り、動物や果物など子どもの好きな絵を描きます。手持ちのシールを貼ったり、インターネットのフリー素材のイラストをプリントして貼ってもよいでしょう。いずれも黒のペンで輪郭をなぞると、絵がはっきりします（イラストa）。

2 下から３分の１のところに折り目をつけて、テーブルの上に並べます。（イラストb）。うまく倒せるようになったら、数を増やしたり、並べ方を変えたりしてもよいでしょう。紙の大きさや厚さによって、倒れやすい位置が変わるので、調整してください。

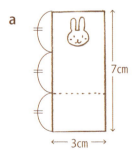
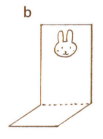

あそびのヒント

- 最初は１枚だけでもかまいません。だんだん増やして、一息で全部倒す吹き方を見つけましょう。「３匹の子ブタ」のお話のオオカミになって、わらや木のおうちの絵を倒すなどのあそびにも発展させることができます。

くるくるアニメーション

1-2 呼吸で遊ぼう

　裏表になっている絵が、息を吹き続けることによって一体化する「くるくるアニメーション」を作りましょう。口をすぼめて一定の強さで息を吹きかけると、絵が回転して鳥かごの中に鳥がいるように見えます。子どもが、絵が回転するしくみに気づくと、長い間絵を見続けることができるようになります。

材料

- セロハンテープの芯 1個
- 竹串 1本
- 輪ゴム 2本
- コピー用紙

同じ強さで吹き続けると、かごの中に小鳥が見えるよ

つくり方

1. セロハンテープの芯の向き合う2か所に、竹串が通って少し動くくらいの穴を目打ちなどで開けます。

2. 穴に竹串を通し、左右を約2cmずつ出してとがっているほうを折ります。竹串の両端に輪ゴムを巻くか、細く切った紙を巻いてのりでとめ、竹串が抜けないようにします。

3. コピー用紙を使って直径5cmの丸い紙を2枚作り、片方に鳥かご、もう一方に小鳥を描きます。

4. 竹串に絵を貼ります。まず竹串にセロハンテープを貼り（イラストa）、竹串を挟んだ反対側から鳥かごの絵を当てるように貼ります（イラストb）。鳥かごの絵の裏に小鳥の絵をのりで貼り付けます。このとき絵の上下が表と裏で反対になるように注意してください。同じ向きに貼ると小鳥が逆立ちしている絵になります。

a

b　裏側に鳥かごの絵

● 鳥かご＆小鳥のほかにも、お皿＆好きな食べ物、金魚鉢＆金魚、イルカ＆ボールなど、組み合わせることで1枚の絵になる題材を探してみましょう。どの位置に描けば一体化するかも、いろいろ試してみてください。

あそびのヒント

出てこいウサギ

「出てこいウサギ」は、ポリ袋を風船のように膨らませると、ウサギが出てくるおもちゃです。ストローから息を吐くと、ポリ袋に描いたウサギが大きく膨らみます。でも息継ぎのときに、ストローをくわえたまま息を吸うと、せっかく膨らんできたウサギがしぼんでしまいます。遊んでいるうちに、袋や風船を膨らませるときの呼吸や動作のコツも覚えられます。

材料

- ポリ袋　1枚
- 紙コップ　1個
- 曲がるストロー　1本
- 輪ゴム　1本

ストローで吹くと袋がだんだん大きくなって、ウサギが「こんにちは！」

 つくり方

1 ポリ袋に油性のフェルトペンで、ウサギなどの子どもが好きな絵を描きます。ポリ袋にいきなり描くのが難しい場合は、まず白い紙に下描きをし、ポリ袋の中に入れて上からなぞると上手に描けます。
絵は袋の真ん中に描いてください（イラストa）。大きすぎると膨らんだときに見えにくかったり、下のほうだと輪ゴムの下になってしまうので気をつけてください。

2 ストローを半分程の長さに切り、紙コップに穴を開けて刺します。

3 1で絵を描いたポリ袋を2の紙コップにかぶせて輪ゴムでとめます。誰かに見せるときは絵がストローの反対側になるように、子どもが自分で遊ぶときにはストローの側になるようにかぶせてください（イラストb）。

a

b

気をつけてポイント

- ストローと紙コップの間にすき間ができないように穴は小さめにあけましょう。
- 小さい袋のほうが簡単に膨らむので、最初は小さめの袋で作ってあげてください。徐々に袋を大きくすると、呼吸も自然に深くなります。

1-4 呼吸で遊ぼう

吹き矢

伝承おもちゃ

　呼吸を使って遊ぶ伝承おもちゃとして、吹き矢が挙げられます。吹き矢は、古くは狩猟の道具や武器でしたが、日本では江戸時代には庶民の娯楽としても親しまれていました。近年ではプラスチック製の道具を使った、スポーツ吹き矢というジャンルもできています。腹式呼吸や血行促進のほか、集中力を養うことにつながるので、高齢者にも人気のようです。

材料

・太さが異なるストロー 2種類

息をたっぷり吸って、短く「フッ！」と吹くと矢が飛ぶよ！

つくり方

1. タピオカやシェイク用の太めのストローを用意します。最初は1本だけで、慣れてくるにつれて本数を増やし、セロハンテープやビニールテープでつないで長くしていくといいでしょう（イラストa）。

2. 幼児用や紙の袋に入っている細いストローを適当な長さに切って、1に入れます（イラストb）。

3. 的（まと）には最初は発泡トレイのような表面積が大きめの容器をテーブルの上に置き、吹いたストローがその中に入るようにします。うまく入るようになってきたら、紙コップや短く切った牛乳パックも並べてはどうでしょう。容器ごとにあらかじめ点数を決めておいて、目標を決めて吹いたり、入った的の点数を数えたりして遊べます。

a b

●ストローの先に紙などで作ったおもりを詰めると、その重さによって遠くまで飛ぶようになりますが、子どもが遊ぶときは、あまり飛びすぎないほうが危なくないでしょう。人に向けて吹かないようにも伝えてあげてください。

気をつけてポイント

2-1 両手で遊ぼう

両手でひもを
広げるように
ひっぱってもいいよ

ロケット発射!

　片手でビンを持ってもう片方の手でふたを開けるなど、子どもは成長と共に両手を使い分けられるようになります。平衡感覚が未発達な子どもは、片手だけを使おうとすることも少なくないようですが、両手が同時に必要なおもちゃで遊んでいるうちに、手や肘の動かし方が少しずつわかってきます。まずはたこ糸を交互に引っ張って、ロケットを打ち上げましょう。

材料

- 厚紙　約8×10cm
- ストロー　1本
- たこ糸　約1m

両手で交互に引っ張って、ロケット打ち上げ成功なるか?!

つくり方

1 厚紙を8×10cmの大きさに切ります。

2 1にロケットの絵を描きます。油性のフェルトペンなどではっきり描くと、絵が動いているときも見やすいです（イラストa）。

3 ストローを6～7cmに切り、2の裏にセロハンテープで斜めに貼り付けます。このときストローの角度が左右対称で同じになるように気をつけます。

4 3のストローにたこ糸を通します。その後、ストローを1～2cmで2本切り、たこ糸の端に結びつけます。これでたこ糸が抜けなくなります（イラストb）。

5 4をなるべく高いところに固定させて、下からたこ糸を引いて遊びます。たこ糸の長さは、吊す位置によって調節してください。

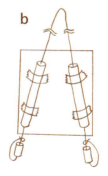

あそびのヒント

● たこ糸を左右交互に引っ張るときに、同じ強さでなければロケットが傾いてしまいます。また同じ力でたこ糸を左右に開くと、ロケットが滑らかに昇っていきます。子どもが自分でこれらに気づくと、あそびがおもしろくなります。

2-2 両手で遊ぼう

カメさん スイスイ

　紙コップで作ったカメの中に強力磁石を入れて、池に見立てた下敷きやトレイの下からもうひとつの強力磁石で動かすと、カメが泳ぎ始めます。片手で下敷きを持ち、もう一方の手で磁石を動かすという、両手と目の協応が必要です。また、下敷きは持っているだけなので簡単そうですが、池のように水平を保ち続けるのは、案外難しいものです。

材料

- 紙コップ　1個
- 強力磁石　2個
- 下敷きやトレイ　1枚

片手で池、片手で下から磁石を持って、水面のカメをスイスイ～！

 つくり方

1 紙コップを底から2cmに切って、ボディーにします。

2 紙コップの残ったところで、頭・両手足・しっぽを作ります。イラストを参照して頭には首を付け、両手足としっぽは長めにします（イラストa）。

3 1に2を差し込むための切り込みを、カッターナイフで6か所に入れます。2を差し込んで、それぞれ端を上に1cmずつ折り上げます（イラストb）。折ったところにセロハンテープを貼ってもよいでしょう。

4 青い下敷きやトレイ、シート状のまな板などを池に見立ててその上に強力磁石を置き、その上にカメをかぶせます。下敷きの下からもうひとつの強力磁石を当てて動かして遊びます。

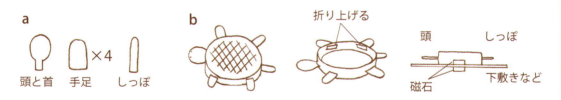

あそびのヒント

- カメの甲羅（紙コップの底）には油性のフェルトペンなどで模様を描いてもいいでしょう。下敷きの一部に茶色の画用紙などを貼って陸を作ったり、そこに草が生えているように立たせて貼るなどで、ストーリーを作って遊べます。

ぶら下がりサル

　サルがロープにつかまって、ぶら下がりながら移動します。輪ゴムを結んだ輪を両手で持ってピンと張り、斜めにして輪ゴムを揺らすと、サルがだんだん降りてきます。このとき、下になるほうの手は動かさず、上になるほうの手だけを揺らすのがコツです。サルが下まで来たら左右の手の高さを入れ替えて、手の動きも逆にします。

材料

・厚紙
・輪ゴム　1本
・洗濯ばさみ　1個

両手で持って片方を揺らすと、
サルがスルスルっと降りてくるよ！

つくり方

1. 約5×6cmの厚紙に、サルがロープにぶら下がっている絵を油性のフェルトペンで描きます（イラストa）。

2. 厚紙を長さ約10×1cmで2枚切り、それぞれ直径3cmくらいの輪を作って、二重になったところをセロハンテープでとめます。

3. 輪ゴムを切って洗濯ばさみを通し、両端を厚紙の輪に結びつけます（イラストb）。

4. 両面テープまたはセロハンテープを輪にして洗濯ばさみの真ん中に貼ってから、その上にサルの絵を乗せます。輪ゴムと1の絵のロープの位置をそろえると、サルがロープを持っているように見えます。

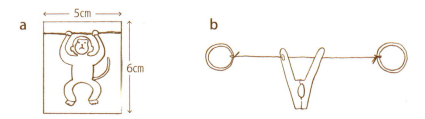

あそびのヒント

- サルが下まで来たら、手の上下を逆にして、動かし方も今までとは逆になります。両手の役割をすばやく交代させられるようになると、リズムに乗って動かせるようになります。

2-4
両手で
遊ぼう

色や模様を
工夫してみよう

びゅんびゅんごま

伝承
おもちゃ

　両手を使って遊ぶ伝承おもちゃに、びゅんびゅんごまがあります。こまに通したひもの両端を持って何回か回してから、ひもをゆるめたり引っ張ったりして回します。「ぶんぶんごま」とも呼ばれて、江戸時代からあるそうです。両手の力加減を同じにすると、長く回るようになります。

材料

・牛乳パック
・たこ糸 約1m

両手で持って、同じ力で引っ張ると、
風を切ってこまが回るよ！

つくり方

1 牛乳パックを6×5cmに2枚切り、白い面が外に出るように貼り合わせます。1枚でも作れますが、少し重みがあるほうが回りやすいです。

2 対角線を引いて中心を決め、中心から5mmずつ離したところ2か所に目打ちで穴を開けます（イラストa）。どんな形や大きさでも作れますが、2か所あける穴の位置を、必ず中心から等距離にします。

3 油性のフェルトペンなどで模様を描きます。

4 たこ糸を通して結びます（イラストb）。
たこ糸の長さは肩幅より少し長めが適当です。

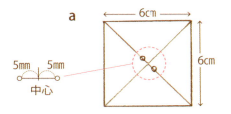 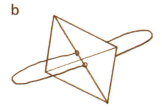

● こまにいろいろな模様を描いてみましょう。1色だったらどんなふうに見える？　たくさんの色を使ったときは？　こまが回ると模様の形はどうなる？　いろいろ作って回してみてください。

あそびのヒント

3-1 手首を使って遊ぼう

紙コップ絵合わせ

　テレビのチャンネルやガスコンロのスイッチ、蛇口など、かつては手首を使って動かしていたものが、次々とボタンやレバーになってきました。でも手首の動きを滑らかにすることは子どもの発達に欠かせません。そこで手首を使って遊ぶおもちゃを作ってみましょう。最初は「神経衰弱」です。カードは薄くて幼い子には表に返しにくいので、紙コップを使います。

材料

- 紙コップ　数個
- シールなど

つかんで返して、同じ絵の紙コップを当てよう!

つくり方

1 紙コップを底から約3cmに切ります。4個で2セットできます。少しずつ増やしてもよいでしょう（イラストa）。

2 紙コップの底の内側に、油性のフェルトペンで動物や食べ物など、子どもの好きな絵を描きます。別の紙に描いて貼り付けてもかまいません。絵が難しければ、シールや、折り紙を切って貼ってもいいと思います。同じ絵や色を2個ずつ作るのがポイントです（イラストb）。できあがったら、テーブルの上に並べて遊びます。

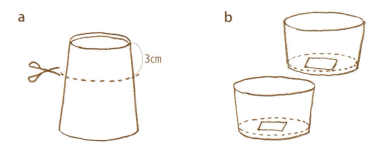

あそびのヒント

● 紙コップは全体をつかんで表に向けることができます。浅めに切ると、絵を描いたり貼ったりするのも簡単で、遊ぶときに倒す心配もありません。遊び終わったら重ねて片付けられますが、この動作も子どもにはあそびになります。

3-2
手首を使って遊ぼう

牛乳パックで輪投げ

　手首を使って遊ぶ、「輪投げ」を作ってみましょう。手作りするときは、棒がグラグラせず、倒れないようにすることが大切です。また輪にはある程度の重さがあるほうが、遠くまで飛びます。棒はラップの芯、輪は新聞紙やホースでも作れますが、ここではどちらも牛乳パックで作ってみました。2本分で土台と輪が2つ作れます。土台と輪をどちらもたくさん作って、距離を変えたり、入った数を競っても遊べます。

材料

・牛乳パック　2本分
・カラーのビニールテープなど

棒に近づいたり、離れたり、力も加減して投げてみよう

1 牛乳パック2本分を開いて注ぎ口と底を切り取り、1枚を縦に半分に切ります。その片方を縦に4つに折り、棒の三角柱を作ります。二重になった面の両端をホッチキスの針先が内側になるようにしてとめ、針が出ているところにセロハンテープを貼ります（イラストa）。

2 もう1枚の牛乳パックの図の位置に**1**の大きさの三角形の穴を開けて**1**を通します。それで土台の三角柱を作り、両端を2か所ずつホッチキスでとめます（イラストb）。

3 輪は、**1**の残りを縦方向に4枚に切ります。それらを縦に半分に折り、2枚を2〜3cmずつ重ねて輪にして、ホッチキスでとめます。同じものが2つ作れます。カラーテープを巻くとカラフルになって、開いてきません。

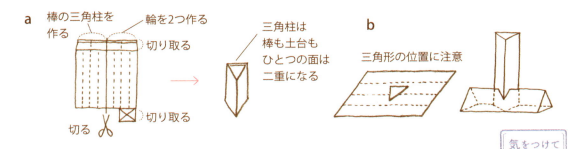

●ホッチキスでとめたところは、いずれも危険防止のために針先にセロハンテープを貼るようにしてください。

3-3 手首を使って遊ぼう

やってみると難しいよ

うちわで遊ぼう

　うちわであおぐという動作には、手首の運動が欠かせません。うちわで遊びながら、手首のしなやかさを育てましょう。ここでは2種類を紹介します。ひとつは紙コップで風車を作って、うちわの風を送って回します。もうひとつは「風船バドミントン」です。うちわをラケットに、風船をシャトルコックに見立てて、ひとりで打ったり、数人でラリーをします。

材料

- うちわ　1枚
- 紙コップ　1個
- ストロー　1本
- たこ糸　・風船

あおいだりラケットになったり、うちわはおもちゃでも大活躍

つくり方

1 風車を作ります。紙コップの真ん中まで8か所に切り込みを入れます。切ったところを折り上げて、先の半分のところを同じ方向に斜めに折ります。これが羽根になります（イラストa）。

半分のところで折る

2 1の底の中心に穴を開け、たこ糸を通します。ストローを1㎝に切り、底の内側でたこ糸を通して抜けないように結びます（イラストb）。外側に出ているたこ糸はストローに結びます。

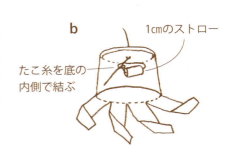

1㎝のストロー

たこ糸を底の内側で結ぶ

3 できあがったら、うちわで風を送って回します。始めは風車をどこかに固定するか、誰かが持ってあげるといいでしょう。

4 風船バドミントンは、風船を膨らますだけで遊べます。

- 風船バドミントンは、手首を使うだけではなく、風船が落ちてくるまでの時間や場所を推測し、そこに移動するという判断力が必要です。
- 幼い子が複数で遊ぶ場合は、最初はふたりで打ちあうほうが自分の順番がわかりやすいと思います。

あそびのヒント

> 3-4
> 手首を使って遊ぼう

紙鉄砲

伝承おもちゃ

　伝承おもちゃの中にも、手首を使うものがあります。紙鉄砲もそのひとつです。長方形の紙で作りますが、新聞1ページ分くらいの大きさが適当です。広告チラシや包装紙でも作れます。新聞紙の場合は、2枚重ねて折ると大きい音が鳴ります。折り紙に興味をもち始めた幼児なら、折り方を覚えると自分で折れるようになります。

材料

新聞紙や包装紙、大きめの広告チラシ　など

自分で折っていい音が鳴ったら、何度でも鳴らしたくなるよ!

つくり方

1 長方形の紙を縦に半分に折り、折り目を付けて開きます（イラストa①）。

2 四隅を1で折り目を付けた中心線に向かって折ります（イラストa②）。

3 それを横に半分に折ります（イラストa③）。

4 さらに縦に半分に折ります（イラストb①）。

5 片方ずつ、内側に折り込み（イラストb②）、四角形にします。

6 5を半分に折り、三角形にします（イラストb③）。

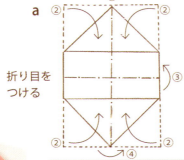

三角形の長い辺を上にして重なりが少ないほうを持ち、勢いよく振り下ろすと、折ったところが下に向かって開くときにパン！　という音が鳴ります。

3 手首を使って遊ぼう

あそびのヒント
- 材質の異なる紙で、鳴り方を比べても楽しいでしょう。
- 幼い子が、紙鉄砲が自分ひとりで折れて、大きい音が鳴らせたら、おもちゃを手作りしそれで遊ぶおもしろさを発見するかもしれません。

4-1 ひも通して遊ぼう

ステキでしょ！

ホースの首飾り

　ホースやストローのような筒状のものをひもに通して、子どもと一緒に首飾りを作りましょう。ひも通しは、子どもにとって作ることがあそびになります。このあそびは、通すものを持つ手とひもを持つもう片方の手、目、そして脳の指令が互いに絡み合って働くことで成り立ちます。また、小さいパーツをつまんで通すことを繰り返す中で、指先の器用さや集中力も育ちます。

材料
- ホース
- カラーひも

ホースをひもに通したら首飾りに変身！
ストローでもできるかな？

つくり方

1 透明またはきれいな色のホースを１〜２cmに切ります。大型のホームセンターに行くと、10cm単位で切ってもらえます。１種類でもかまいませんが、太さや色が数種類あると、通す順番なども考えて遊べます。

2 カラーひもを、結んだときに頭にくぐらせることができる長さに切って、１を通していきます。ひもの先にセロハンテープを巻いて少し硬くすると通しやすくなります。もう片方の端は、ホースをひとつ通して結んでおきます。これで抜ける心配はありません（イラストa）。

3 ホースが通せたら２で結んだ端をほどき、両端を結んだら完成です（イラストb）。

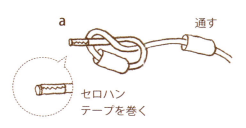
a　通す
セロハンテープを巻く

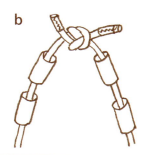
b

4 ひも通しで遊ぼう

あそびのヒント

● ホースは、最初は１個通すだけでもうれしいものです。だんだんたくさん通せるようになります。通すものは輪や筒状になっていれば何でもかまいません。ストローやビーズなどを子どもの発達に合わせて用意してください。

4-2
ひも通しで遊ぼう

洗濯物干し

ひも通しあそびで、洗濯物を干しましょう。子どもと一緒に普段子どもが着ている服の絵を厚紙に描いて、洗濯ロープに見立てたカラーひもに通していきます。通し終えたら、壁に貼ったりカーテンの金具に結ぶなどして、干してある雰囲気を作ってあげてください。部屋の中がにぎやかになります。

材料

・画用紙や厚紙
・ストロー
・カラーひも

<h1>自分の服のミニチュアをひもに通して飾ると、
くすぐったい気分</h1>

つくり方

1 画用紙や厚紙に洋服の絵を描きます。最初から子どもが描いても、大人が輪郭を描いて子どもが色を塗っても、どちらでもいいでしょう。子どもが持っている洋服と同じ色や模様にするとよろこびます。描けたら、形の通りに切ります。

2 **1**の裏側の肩の位置に、1〜2㎝に切ったストローをセロハンテープで貼ります（イラスト**a**）。

3 カラーひもを適当な長さに切って**2**を通していきます（イラスト**b**）。ひもの先にセロハンテープを巻いて硬くすると通しやすくなります。もう片方の端に、短く切ったストローを通して結んでおくと、抜ける心配がありません。1枚だけ通しても、たくさん通してもかまいません。

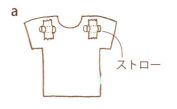
a　ストロー

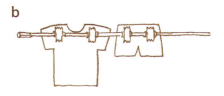
b

- 保育所などでは、Tシャツやパンツ、ランニングシャツなどの輪郭を描いたものをコピーして配り、子どもが自由に着色してもいいでしょう。誰の服かを当てっこしたり、お話を考えても楽しいと思います。

あそびのヒント

4-3 ひも通しで遊ぼう

ひもが、でたりかくれたり、おもしろいよ

ひもで お絵かき

　ひも通しあそびのひとつとして、小さい穴に書類ひもを通して絵を描くあそびを考えてみました。食品トレイに下絵を描き、小さい穴を等間隔にあけて、書類の綴じひもを縫い物をするように通していくと線になります。絵として完成させるには集中力と根気が必要ですが、達成感も味わえます。書類ひもは端が硬く加工してあるので、通しやすいです。

材料

- 食品の発泡トレイ
- 書類ひも

発泡トレイにひもでいろいろな絵を描いて、展覧会を開こう！

つくり方

1 食品トレイの裏側に鉛筆で絵を描きます。最初はなるべく小さめで、一筆描きができる簡単な絵をお勧めします。

2 1の輪郭に沿って、目打ちなどで等間隔に穴をあけます。

3 準備ができたら子どもの出番です。書類ひもを最初は裏から刺し、ひもが表に出たら引っ張りきって、隣の穴に刺して裏側に出すという手順を繰り返します。最初は穴を飛ばしてもかまいません。徐々に隣の穴に刺すことができるようになります。ひもが足りなくなったら、後ろで結んで継ぎ足します。慣れてきたらトレイ全体に穴をたくさんあけて、自由に絵を描くように書類ひもを刺していきます。完成したら壁に飾って達成感を味わわせてあげてください。

継ぎ足す

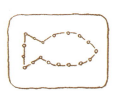

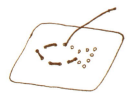

気をつけてポイント

- 穴を大きくすると、細めのカラーひもの先にセロハンテープを巻いて通すことができます。
- 小さい穴にいろいろな色の毛糸で描くのも楽しそうです。毛糸の場合は毛糸針や、細い針金を半分に折って、毛糸を通して使います。毛糸針はくれぐれも扱いに気をつけてください。

4 ひも通しで遊ぼう

4-4 ひも通しで遊ぼう

どのひもが動くかな？

からくりひも

伝承おもちゃ

　ひもにちなんだ伝承おもちゃとして、からくりひもを紹介します。筒から出ている3色のひもの、どこか1か所を引っ張ると、思いがけないところのひもが引っ込みます。片方の手で筒をしっかり握り、もう片方でひもを引いて遊びます。子どもは不思議に思って何度でも引っ張ります。江戸時代から伝わるからくりおもちゃで、当時は竹筒で作られていました。

材料

- ラップ芯　22cm
- カラーひも3色　各30cm
- ストロー　・厚紙
- 針金

えいっとひもを引っ張ると、隣のひもが引っ込んだ。なんで？

つくり方

1. ラップ芯のA〜Cの位置に目打ちで穴をあけます（イラストa）。

2. 穴Aに筒の長さより約10cm長く切ったひもを通します。葉物野菜を束ねてあった針金を半分に折り、ひもをかけて先を2本一緒にねじると、穴に通しやすくなります（イラストa）。

3. ひもが通せたら、ストローを短く切って両端に軽く結び、抜けないようにします。

4. Aのひもをピンセットでつまんで穴Bの近くにもってきます。そのひもに針金をくぐらせて穴Bに刺します。2本目のひもを掛けて通し、ストローを結びます（イラストb）。

5. Aのひもを穴Cの近くにもってきます。4と同様に針金を穴Cに刺して、3本目のひもを通します。このときBのひもに引っかけないように注意します（イラストb）。

6. ひものストローをはずし、1本ずつ順にピンと張った状態にして約25cmに切り、ストローを結び直します。

7. 筒の穴を厚紙などでふさいだら完成です（イラストb）。

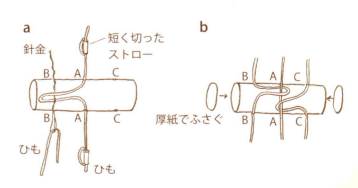

5-1 音と手触りで遊ぼう

キャップ de リズム

　音や手触りを楽しむおもちゃを作ってみましょう。人は身の回りの情報の80％を目から得ているといわれています。子どもも同じです。目が見えにくかったり、全く見えなかったりしても、友だちと一緒に遊べるおもちゃが身近なもので作れたら、と思います。まずはペットボトルのキャップで楽器を作ってみましょう。

材 料

- ペットボトルのキャップ数個
- たこ糸
- フェルトなどの布

簡単に作れる楽器でリズムをとって、一緒に音楽を楽しもう！

つくり方

1 ペットボトルのキャップの中心に、たこ糸が通ってキャップが動くくらいの大きさの穴を、目打ちなどであけます。

2 キャップ数個をたこ糸に通して両端を結びます。たこ糸の先にセロハンテープを巻いて堅くすると通しやすくなります（イラストa）。

3 持って振るときに、たこ糸のままでは細くて握りにくいので、たこ糸が見えている部分にフェルトなど約5×20cmの布を、木工ボンドを付けながら巻きます（イラストb）。

a

セロハンテープ

b
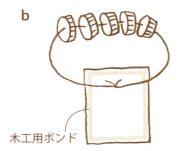
木工用ボンド

● 軽く振ると、カラコロと心地よい音が鳴ります。歌や音楽に合わせて振って、合奏を楽しんでください。キャップの数は5個くらいが適当だと思いますが、いろいろな数で作って、音の大きさを比べたりしてもいいですね。

あそびのヒント

5-2 音と手触りで遊ぼう

聴いて当てっこ

音当てゲームを作ってみましょう。容器の中に入っているものを、音の違いによって聞き分けるあそびです。たくさん作って、誰かが指定した音と同じ音が鳴る容器を当てっこしたり、ひとりがひとつずつ持って、マラカスのような楽器として遊ぶこともできます。

材料

- 乳酸飲料の白い容器　数個
- 中に入れる物（砂利・ストロー・手芸用ペレット・爪楊枝など）
- 厚紙　・コピー用紙など
- たこ糸

音だけで中身の違いがわかるかな？
持って振ると楽器にもなるよ

つくり方

1 乳酸飲料などの容器を用意します。中身が映らないように白いものがお勧めです。1個につき1種類ずつ、容器を振ったときに音が鳴るものを入れます。砂利、ストローを短く切ったもの、ペレット（ぬいぐるみの詰め物）、爪楊枝10本くらい、など。振ったときに音が鳴るように、詰めすぎないように気をつけます。

2 厚紙を容器の飲み口と同じ大きさに切ってふたを作り、セロハンテープでとめます（イラストa）。

3 コピー用紙または折り紙を6cm角に切って2にかぶせます。くびれたところにたこ糸約25cmを巻いて木工用ボンドで貼り、口が開かないようにします（イラストb）。
いずれも同じ中身のものを2つ以上作ります。

気をつけてポイント

● 容器に入れるものは、ひとつの容器に1種類ずつにしてください。また中身を詰めすぎると、詰めたものが動かず、音が鳴らなくなってしまいます。容量の3分の1くらいが適量です。

5-3 音と手触りで遊ぼう

ウレタン素材

発泡トレイ

触って当てっこ

　手触りで中身を当てて遊ぶおもちゃを作ってみましょう。「聴いて当てっこ」ではふれあって音が鳴る素材を使いましたが、「触って当てっこ」ではなるべく音が鳴らない素材を探してください。目でも耳でも確かめられない情報を、手でふれて感じてみましょう。種類や数を増やして、同じ手触りの袋を集めたりして遊びます。

材料

- だしパック　数枚
- 詰め物
  （手芸綿・スポンジ・古ストッキング、ウレタン素材、発泡トレイなど）

手触りだけで中身の違いがわかるかな？
同じものを探してみよう！

つくり方

1 白い不織布などでできた料理用の「だしパック」にいろいろな手触りの素材を1種類ずつ入れます（イラストa）。手芸綿、スポンジ、古ストッキング、果物類を包むウレタン素材など。発泡トレイやレジ袋を小さく切って入れると少し音が鳴ります。いずれもだしパックから透けて見えないように白っぽい素材をお勧めします。

2 だしパックのふたを折り返したら、ふたを下にしてもう1枚のだしパックに入れて、中身がこぼれないようにします（イラストb）。いずれも同じ中身のものを2つ以上作ります。

a

b
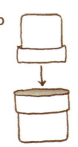

● 大きめの箱の四方または抽選箱のように上に穴をあけ、袋を入れて、穴から手を入れて探して遊ぶこともできます。その場合は手触りの異なる数種類の布やその他の素材をハンカチほどの大きさに切り、それらを直接箱に入れてもいいでしょう。

あそびのヒント

5-4 音と手触りで遊ぼう

糸電話

伝承おもちゃ

　伝承おもちゃの中で、音を楽しむあそびとして、糸電話はいかがでしょうか？　糸電話は糸やひものような線状の媒体の振動で声を伝えるという、電話のしくみの元祖のようなおもちゃです。これまでにたくさんの人が、さまざまな材料で作っています。ここでは紙コップとたこ糸で作ってみましょう。

材　料

- 紙コップ　2個
- たこ糸　約1m
- 爪楊枝　1本

紙コップから相手の声がはっきり聞こえるのは、どんなときかな？

つくり方

1. 紙コップの底に目打ちなどで穴をあけます。穴をあける前に、紙コップの外側にシールを貼ったり、油性のフェルトペンで絵を描いたりしておくと、オリジナルの糸電話になります。

2. 底の穴に外側からたこ糸を通します。紙コップの飲み口からたこ糸を外に引き出し、短く折った爪楊枝を結びつけてから底に戻すと、抜ける心配がありません（イラストa）。

3. 糸をピンと張って、相手と会話を楽しみます。2セット作って真ん中で交差させると、4人で会話することもできます（イラストb）。

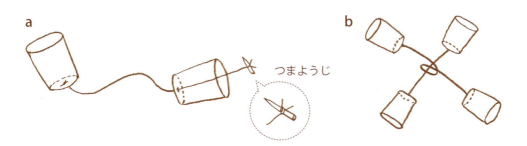
a　つまようじ　b

●紙コップの代わりに使い捨てのプラスチックコップを使ったり、たこ糸の代わりに毛糸や縫い糸、針金などでつないだりもできます。人数も、大勢だとどうなるでしょう？　いろいろ試して、違いを楽しんでみてください。

あそびのヒント

5　音と手触りで遊ぼう

6-1 からだで遊ぼう

段ボールトンネル

　私たちは、狭い入り口から出入りするときは、からだを縮めます。狭い道ですれ違うときも、相手とぶつからないように片側に身体を寄せます。こうした動作が無意識にできるのは、自分のからだと入り口の大きさや道幅の広さの関係がイメージできるからです。これを「身体感覚」と言います。大小の段ボール箱で遊びながら、その感覚を育てましょう。

材料

・段ボール箱
・粘着テープ

ハイハイして狭いトンネルをくぐってみよう！

つくり方

1 大きさの異なる段ボール箱を数種類用意します。それぞれふたと底の部分を内側に折り込みます。それによって形が崩れにくくなります（イラストa）。それらを横向きに並べて、その中をくぐって遊びます。いろいろな箱を並べると、大きさによってからだの縮め方を変えるコツが自然にわかってきます。

2 子どもが四つんばいになって通れるくらいの同じ大きさの段ボールをいくつか用意し、ふたと底の部分を粘着テープでつなげば、トンネルになります（イラストb）。狭い空間で四つんばいの姿勢を保ちながら前進する動作には、持続力が必要です。向こう側に通り抜けたときには達成感や開放感も味わえます。

a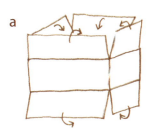

b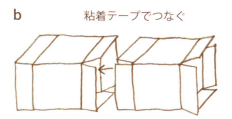
粘着テープでつなぐ

あそびのヒント

- トンネルの中に座布団やひざかけなどを置いたりすると、いろいろな感触が楽しめます。
- トンネルの両端に座り、中にボールを転がして受け渡ししてみましょう。広い空間ではボールに集中できなくても、これなら目で追いやすいです。

6-2 からだで遊ぼう

発車しますよ

電車・ジャンボ鳩時計

　段ボール箱で電車とジャンボ鳩時計を作ってみましょう。電車は「車体」をからだに通して、子どもが運転手になったつもりで走ったり止まったりします。ジャンボ鳩時計は、子どもが段ボール箱の中に隠れて待ち、ハトになって飛び出してきて時報を告げます。どちらもからだ全体を使ったダイナミックなあそびができます。

材料

・段ボール箱
・折り紙など

運転手さん、急行ですか？ 特急ですか？ 次の駅はどこですか？

つくり方

1. 電車は、子どものからだに通せるくらいの大きさの段ボール箱のふたと底を内側に折り込みます。こうすると形が崩れにくくなります。その箱をおなかの周りに通すと、電車やバスに乗ったつもりになったり、自分自身が乗り物になって遊べます。子どもと一緒に折り紙などで窓やドアを作って貼っても楽しいと思います（イラストa）。

2. ジャンボ鳩時計は、子どもの全身が入るくらいの箱を用意します。子どもがハトになったつもりで中に入り、外から時間を言います。たとえば「3時ですよ」と声をかけると「ぽっぽー」と言いながら3回顔を出す、などのあそびができます。三角屋根を付けたり折り紙などで装飾すると、お菓子の家やこびとの家のようなイメージでも遊べます（イラストb）。

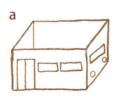

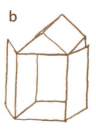

あそびのヒント

● 段ボール電車は、全身を使って自分が主人公になり、声を出して遊べます。ジャンボ鳩時計は、広い場所では落ちつかない子どもが、中に入ることで安心できたり、自分のからだの感覚や存在を確かめられる場所にもなりそうです。

6 からだで遊ぼう

6-3 からだで遊ぼう

バランスの小径

　からだ全体でバランスをとりながら、一本道を歩いたり、「ケンパ」で進んだりしてみましょう。玄関や台所のマットの下に敷くゴム製の滑り止めマットが、ホームセンターや100円ショップで手に入ります。最初はゆっくり、バランスが取れるようになってきたらリズミカルに跳んでみましょう。マットの並べ方や間隔も工夫してください。

材料
・滑り止めゴムマット

ケンパ！ ケンパ！ ケンケンパ！
止まらずに最後まで跳べるかな？

つくり方

1 たとえば150×30cmのゴムマットはこんなふうに使えます。全体を縦に半分に切って床に広げると、一本道のできあがりです。平均台には怖くて上れない子どもでも、床の上ならチャレンジできそうです。マットからはみ出さずに歩いてみましょう。最初は手をつないで、徐々に自分でバランスを取って歩けることを目指します。

2 同じく150×30cmのマットを15×30cmの長方形10枚に切り分けます。1枚なら長方形、2枚合わせると正方形になるので、それらを交互に並べます。長方形の上は片足で、正方形の上は両足を置きながら進みましょう（イラストa）。マットの並べ方を変えて、いろいろな足の運びを工夫してもよいでしょう（イラストb）。

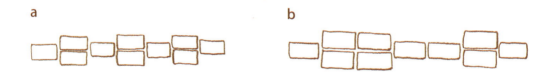

- マットは2枚を平行に並べたり、間隔を広げたりして、家族や友だち同士で競争してもいいでしょう。上手に跳べなくてもかまいません。楽しんでこそのあそびです。

あそびの
ヒント

6-4 からだで遊ぼう

缶ぽっくり

伝承おもちゃ

　からだ全体を使って遊ぶ伝承おもちゃとして、竹馬や缶ぽっくりがあります。ぽっくりとは木履（ぽっくり）という下駄の一種で、缶ぽっくりはその名の通り、空き缶に穴をあけてひもを通すのが基本です。ただ幼い子には切り口が危険だったり、室内で遊ぶと床や畳に傷を付けてしまう場合もあります。そこで空き缶の代わりに、ザルを使ってみました。いわば「ザルぽっくり」です。

材料

- 空き缶やザルなどの足を乗せる道具　2個
- ひも　約2m

背が高くなってよく見えて、
お兄さんやお姉さんになったみたい！

つくり方

1 100円ショップにあるような小振りのプラスチック製のザルにひもを通し、ザルの内側で結びます（イラストa）。ほかにも利用できそうな道具がありますが、ひもを通すことを考えて網目になっているものがよいと思います。ひもは荷造りロープや洗濯物干しのロープがいいでしょう。長さは、子どもが手を下げたときの手先から地面までの約2倍に、結び目の分を足したくらいが適当です（イラストb）。子どもの身長に合わせて、調整してください。

a

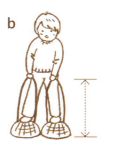

b

2 同じ物を2つ作ったら完成です。ザルの上に足を乗せ、ひもをしっかり引っ張って、ザルと足の裏（靴底）がピッタリとくっついている状態を保ちながら前進します。

気をつけてポイント

● ザルぽっくりは、1度にたくさん作りたいときにも便利です。編み目にひもを通すときに、4か所とも高さがそろうように気をつけてください。結び目も、引っ張ってもほどけないように固く結んでください。

おみせやさんごっこ

7-1 ごっこあそびをしよう

　幼い子は大人のまねをしながら社会性を身につけていきます。そこで、ごっこあそびのおもちゃを作ってみましょう。まずは「おみせやさんごっこ」です。食料品や生活雑貨のカタログやスーパーのチラシがおみせやさんの品物に早変わりです。子どもが主人公になって、いろいろなお店の主とお客さんの会話が弾みます。

材 料

・チラシ　・厚紙
・両面テープ
・マグネットシート
・マグネットボードや
　お菓子の缶のふたなど

「いらっしゃいませ〜」今日は、なにやさんになろうかな？

つくり方

1 何のお店をするかを決めて、必要な写真をチラシなどから切り取ります。それを厚紙の上にのりで貼り、周囲を切ります（イラストa）。

2 マグネットシートの表側に両面テープを貼ってから、シートを1cm角に切ります（イラストb）。マグネットシートは文具店や100円ショップで買えるほか、折り込みチラシとして配布される、水道屋さんの広告なども利用できます。

3 2の両面テープの紙をはがして1の裏側に貼ったら、品物カードのできあがりです。スチール製のお菓子の缶の裏やふた、A4からB4サイズくらいのホワイトボード、冷蔵庫などに貼ったり外したりして遊びます。

a 厚紙

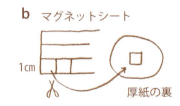
b マグネットシート
1cm
厚紙の裏

● 厚紙で「やおや」「さかなや」などの看板を作って、食料品を扱うおみせやさんにすると、献立に合わせて必要な食材を集めるあそびにも発展できます。食べることに興味をもつきっかけになるかもしれません。

あそびのヒント

ケガしちゃった

お医者さんごっこ

子どもの成長に、ケガや病気はつきものです。お医者さんや看護師さんに親しみを感じられるように、「お医者さんごっこ」の道具を作ってみましょう。聴診器とばんそうこうの作り方と、薬包紙の包み方をご紹介します。子どもは病院での会話もちゃんと聞いているものだと、驚くこともありそうです。

材料

- 聴診器：吸盤 1個・カチューシャ 1個 カラーひも 約70cm
- 絆創膏：白っぽいリボン・白フェルト・マジックテープ
- 薬包紙：コピー用紙・白の折り紙など

※マジックテープは㈱クラレの面ファスナー登録商標です。

ケガには急いでばんそうこう、おなかが痛いときは聴診器を当ててみよう

つくり方

1 聴診器は、吸盤の穴にカラーひもを通して結びます。100円ショップにあるようなカチューシャの真ん中に、ひものもう一方の先を結んだら、できあがりです（イラストa）。

2 ばんそうこうは、贈答品などに使われていたリボンを6〜7cmに切ります。本物のばんそうこうのように先を丸くしておくほうが、ほつれにくいです。その表と裏に、マジックテープと白のフェルトを図を参照して貼ります（イラストa）。マジックテープは粘着剤付きが便利です。

3 薬包紙は正方形の紙を使って、図を参照して折ってみてください（イラストb）。開いたら中にお薬が入っているつもりで遊べます。

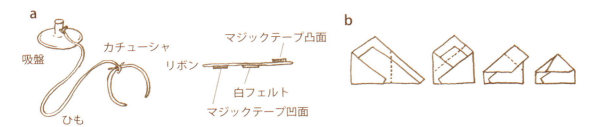

気をつけてポイント

- カチューシャは、布やリボンが巻き付けてあって櫛のような歯が付いていないもののほうが安全です。
- かつて粉薬は一服ずつ薬包紙で包まれていました。折り方を覚えておくと何かの役に立つかもしれません。

きれいにして
お出かけでーす

お化粧ごっこ

　女の子の憧れのひとつにお化粧があります。ケーキの箱のような厚手のきれいなボール紙で、コンパクトに入った粉おしろいとほお紅を作りましょう。幼い子がおかあさんのまねをして、お化粧をする姿はほほえましいものです。男の子も一緒に遊んでもいいですね。

材料

- 厚紙
- 折り紙（銀色・肌色・ピンク）
- マジックテープ 少々
- カラーひも 5cm

パタパタ、シュッシュッ、
お母さんみたいにきれいになったかな？

つくり方

1 コンパクト（容器）は、厚紙を6×12cmに留め具を付けた形に切ります。四隅を丸く切って半分に折り、マジックテープを貼ります（イラストa）。

2 粉おしろいと鏡を作ります。肌色と銀色の折り紙をそれぞれ5cm角で四隅を丸く切ります。肌色は**1**の下半分に貼って粉おしろいに、銀色は上半分に貼って鏡に見立てます（イラストa①）。

3 脱脂綿または化粧コットンを5cm角に切ってパフにします。

4 ほお紅は、ピンクの折り紙を5×2.5cmで四隅を丸く切り、図を参照してマジックテープと共に貼ります（イラストa②）。

5 チークブラシは、太めのカラーひもの下半分に木工用ボンドを付けます。折り紙を2.5×3cmに切って巻き、巻き終わりにマジックテープ凸を貼ります（イラストb）。ひもの上半分をほぐして、**4**に付けます。

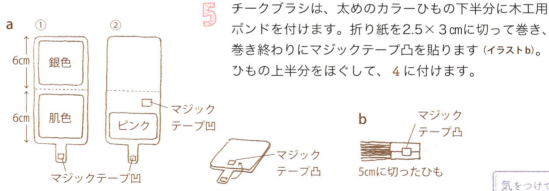

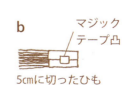

気をつけて
ポイント

- いずれもコンパクトの外側を絵やシールで飾ると豪華になります。
- 鏡はアルミホイルでも作れますが、破れやすいです。

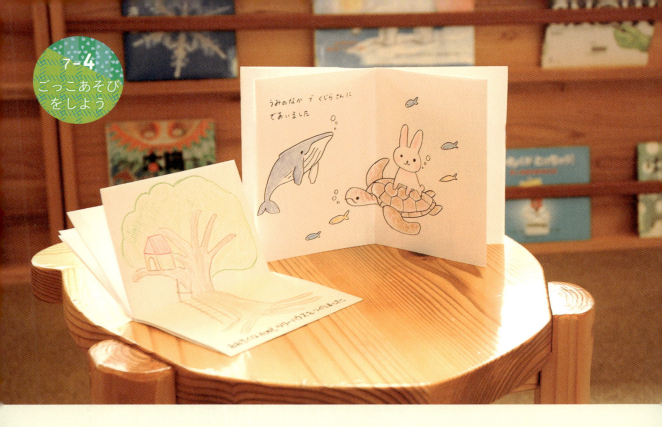

図書館ごっこ

　図書館にはたくさん本があります。それをまねて、いろいろな本を作ってみましょう。長方形の紙に切り込みを入れて折るだけで、本の体裁になります。もし、まだ親子で図書館に行ったことがなければ、ぜひ1度連れて行ってあげてください。本への興味や、本作りのイメージが広がると共に、貸し借りのごっこあそびも楽しくなると思います。

材料

- コピー用紙
- チラシなど

大好きなものの写真を集めたり
絵を描いて自分だけの本を作ろう！

つくり方

1 コピー用紙や裏が白紙の広告チラシなどを8等分になるように折り、真ん中に切り込みを入れます（イラストa）。

2 折り目に合わせて、図のように折ります。広告チラシの場合は、外側が白い面になるように気を付けます（イラストb）。

3 作りたい本の内容を決めて、それに沿って中身を作ります。たとえば乗り物図鑑なら、自分で絵を描くほかに、自動車などのチラシを切り抜いて貼るという方法もあります。絵本を作る場合は、ストーリーとページ割りを考えて絵を描いていきます。画面の使い方も、縦長だけでなく、横向きにしてカレンダーのようにめくりあげていくなど、工夫してください。

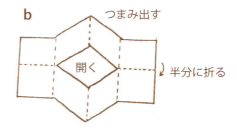

- 乗り物なら「電車」「はたらく車」、生き物なら「動物」「魚」のように分類したり、主人公がいろいろな経験をする「○○ちゃんのおでかけ」「○○ちゃんとお風呂」などのシリーズに発展させると、発想が広がります。

あそびのヒント

7-5 ごっこあそびをしよう

ハイチーズ

写真屋さんごっこ

　折り紙で「ぱっちんカメラ」を折って、写真屋さんごっこをしましょう。「カメラ」の両端を持って裏側の中央を押すように引くと「ぱっちん！」という手ごたえと共に開きます。撮った写真を絵に描いて見せ合ったり、壁に貼ったりして遊びます。絵は実際の写真の大きさにとらわれずに、画用紙や広告チラシの裏に自由に描かせてあげてください。

材 料

・折り紙　1枚
・画用紙や裏が白紙のチラシなど

どんな写真が撮れたかな？　撮ったもの描いてみよう！

つくり方

1 折り紙でカメラを折ります。途中までは「やっこさん」と同じですが、図を参照して折ってください。

2 写真が撮れたら、その画像を絵で表します。

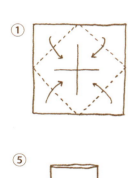

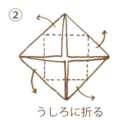
うしろに折る

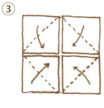
うら返す

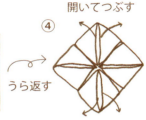
開いてつぶす

⑤ 矢印の方向にひらく

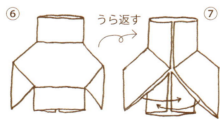
⑥ うら返す　⑦ 引き寄せて組む

⑧ 重ねたところの角を折ってとめる

⑨ ⑧で組み合わせたところ

⑧を横に向ける。左右を手で持ってうしろの中心を押すとパチンと音が鳴る。

> あそびのヒント

● 実際に見えるもの以上に想像が広がってそれを描いたときも、「すごいね〜」などの声をかけて、一緒に楽しんでください。

7-6 ごっこ遊びをしよう

こんにちは！

手袋人形

伝承おもちゃ

　ごっこあそびを締めくくる伝承おもちゃとして、手袋人形を作ってみましょう。針や糸を使わずに、手袋一組を裏返したり結んだりするだけで作れて、コミュニケーションの道具になります。何となく言いにくいことでも、手袋人形が相手だとぽろっと本音が出たりもします。たくさん会話を楽しんでください。

材料
- 手袋一組

裏返して結んで完成！ いっぱいお話しよう

つくり方

1. 右手袋の親指の部分を中に入れます。

2. 左手袋は5本の指が中に入るように裏返してください（イラストa）。

3. 1を2の下に重ねたら、2の指が隠れている部分の下あたりを1の薬指と中指で巻いて結びます（イラストb）。

4. 2（左手袋）の手首のゴム編み部分を、3の結び目から上にかぶせるようにして、帽子を作ったら完成です。動かしやすい指を入れて遊びましょう。1で中に入れた親指部分をポケットに見立てて「これは不思議なポケットだよ」と会話に取り入れてもいいでしょう。

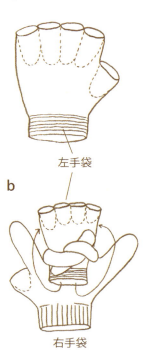

a
左手袋

b
右手袋

あそびのヒント

● 手袋は冬の外出の必需品ですが、夏でも薄手のものを持っていると重宝しそうです。電車の中や病院などの待合室で、お子さんが退屈したときにサッと作って遊んであげてください。

chapter 2 療育のための布おもちゃ

「発達障害の子どもの療育の助けとなるような布おもちゃを創りたい、将来的にそれを障害者の仕事にしたい」。静岡県富士宮市で療育学校ほおずきを営む伊藤昌江さんの思いに私が共感し、1年間をかけて一緒に考えていく機会がありました。

　そして、2008年11月から2009年2月までの間、月に1度、合計4回にわたって伊藤さんを京都へ招いて勉強会を開きました。主な目的は、発達障害についてより多くの方に知っていただくことと、身近に発達障害の子どもがいる保育者や保護者のみなさんから、「こんな布おもちゃがあったら」というアイデアや希望をお聞きして、私が試作することの2つでした。

第1回	子どもを理解する。発達障害とは？	療育学校ほおずき 伊藤昌江
第2回	療育とおもちゃの関係	療育学校ほおずき 伊藤昌江
第3回	こんな布おもちゃがあったらいいな	参加者からの提案
第4回	布おもちゃの試作発表	布おもちゃ TA-TAN 大江委久子

　勉強会への申し込みは30数名、各回の参加者は十数名で、のべ約65名が参加してくださいました。大半が保育所や知的障害児の施設で働く保育士さんで、発達障害のある子どもを育てているお母さんの参加もありました。

　Chapter2では、この勉強会の第1回と第2回の伊藤さんのお話と、第3回で参加者から出されたアイデアをもとに、私が試作して第4回で発表した布おもちゃの作り方を紹介します。ぜひお作りになって、子どもが遊んでいる様子や、そこから見えた改良点などをお知らせください。みなさんと一緒に、発達障害の子どもたちにとってよりよい布おもちゃを作っていきたいと願っています。

CHAPTER 2-1 | 子どもの初期感覚を育てるには　伊藤昌江さんのお話

◆ わが子との接し方がわからない

　子どもの療育に関わっていると、わが子との接し方がわからないというお母さんから相談を受けることが少なくありません。赤ちゃんのころの様子を聴くと、あやしても反応がなかった、抱っこを嫌がった、あまり寝なかった、人見知りがなかったなどで、幼児期になると、言葉が遅い、すぐに転ぶ、お母さんから離れられないなどの特徴が見られます。友だちとうまく関われないため、暴力をふるったと勘違いされるケースもあります。

　こうした悩みを抱えているお母さんは、「自分の育て方が悪いのかも……」と思いがちですが、それよりもまず子どもの状態を、なぜそうなのかと考えて理解することが大切です。

◆ 赤ちゃんの快・不快

　このような子どもに共通しているのは、初期感覚が未発達かもしれないという点です。

　赤ちゃんには、見る・聞く・触る・味わう・嗅ぐという五感を獲得する以前に、それ以外の感覚があることがわかってきました。生命感覚・触覚・運動感覚・平衡感覚の４つで、合わせて初期感覚といいます。

　生まれたばかりの赤ちゃんは、お母さんのおなかの中からまったく別の世界に出てきて、戸惑っています。おなかの中では空腹感もなければ、排泄も自由だったのに、生まれた途端にいろいろなことが不快になるので、泣いてそれを訴えます。でもお母さんや周りの大人がこまめにからだの世話をしたり、環境を整えてあげると、少しずつ馴染んできます。

赤ちゃんにとって、不快だったことが快になる経験が繰り返されると、もし嫌なことがあっても、また良くなるだろうと予測できるようになります。その中で生命感覚をはじめとする初期感覚が育ち、人を信頼する気持ちにつながっていくのです。
　ところが、そうした心地よさを感じられない赤ちゃんがいます。触覚過敏の赤ちゃんは触られるのが嫌なので、抱っこやからだの世話をさせません。それは育て方のせいではなく、生まれつき脳機能に障害があるためなのです。でもその状態で五感が発達すると、問題が出てきます。平衡感覚が育たなければ、自分のからだの中心がわからないため、立ったり座ったりするときに、まっすぐな姿勢が保てません。自分のからだの動きがコントロールできなければ、腕がうまく動かせないため、絵や文字が正しく書けないこともあります。運動感覚が未発達では、わずかな段差で転び、自分がどのくらいの高さから跳べるのかもわからないのです。

🟢 「自分」がわかるかどうか

　このように初期感覚の未発達などで、発達に何らかの問題を抱えている状態を発達障害と呼んでいます。子どもに発達障害があるかどうかは３歳ごろに顕著になります。しかし軽度ならずっと気づかず、就学や就職などを機に初めて、性格とは別の問題があるのではないかと気づくケースも少なくないようです。

　３歳前後は、自我の発達と共に母子分離が始まる時期です。それが見られないとすれば、自分と外の世界が分かれていないのかもしれません。「自分」が育っていないので、「人」もわからないのです。
　子どもにとって、自分のからだを慈しめるかどうかは生命線です。「自分」がわからな

いと、自らのからだを痛めつけることで、その存在を確かめようとする痛ましい状態が起きてしまう場合もあります。

🌿 初期感覚を育てるには

では初期感覚を育てるためには、どうすればいいのでしょう。それには、あそびの中でその感覚を使うことが大きな助けになります。子どもにとっての学びはあそびであり、その媒体となるのがおもちゃです。

その前に知っておいてほしいのは、幼児は周りの大人の言動は全部受け入れるという点です。うわさ話や悪口もすべて正しいと思ってしまいます。そういう意味で、おもちゃは質が大切です。大きな音やまぶしい光などの激しい刺激がなく、自然素材のように、触って心地よさを感じられるものがよいと思います。年齢が低いほど、心地よさや楽しさ、自分がいるこの環境は、安心できるとてもいいところだということを、からだで感じてほしいのです。

自分ならどんなときに心地よさを感じるかを考えてみてください。共通しているのは「共感」「肌触り」「温かさ」「安心感」などのようです。私はそこに、「護（まも）る」と「静けさ」も加えたいと思います。音がないのと静けさは異なります。聞こえてくる音が心地よければ耳をすましたくなり、それが静けさを誘発します。

子どもの未発達の感覚を育てることで、子どもの生きにくさを少しでも軽くできたらと思います。次に、具体的にどんなおもちゃがあればよいかを一緒に考えてみましょう。

＊　＊　＊

伊藤さんのお話を聞いたあと、参加者がそれぞれ布おもちゃのアイデアを考えてきました。その提案内容と、伊藤さんからのアドバイス、私の試作への道筋と作り方を紹介します。

CHAPTER 2-2 | こんな布おもちゃがあったらいいな

その1 握りおもちゃ

すべて同じ大きさの布で作りました。ピンクはひとつずつ中身が異なり、黄色は中身を化繊綿でそろえて、布の手触りが異なります。ボタンははめにくいけれどはずれにくくて、マジックテープはその逆です。

提案
- 感覚あそびとして、いろいろな素材を筒状の布で包んで握れるようにしたい。歌を歌いながら、握る＆放すを繰り返したり、電車や動物に見立ててもいいかもしれない。［保育士］
- 集団生活の中で子どもに自分で身の回りのことをやってもらおうと思うと、衣服の着脱が短時間でできるように、ボタンのないものを着せるように保護者に頼んでしまう。そのため、あそびの中でボタンのかけはずしができるようなおもちゃがあればいいと思う。［保育士］

試作への道筋

① 筒状に縫った布の両端にボタン＆ボタン穴をつけたら、つないだりはずしたりして遊べる。2～3個でブレスレット、5～6個で首飾り、もっと長くすれば電車ごっこに。各自が筒を持って、乗降の際に輪に加えたりはずしたりして、切符代わりにして遊ぶこともできる。

② 中身を変えるなら、布は同じ色＆素材のほうが中身の感触が伝わりやすい。布地の手触りの違いを楽しむなら、中身は化繊綿などで統一する。

③ シンプルなデザインにして、子どもに想像を膨らませてほしい。

伊藤さんからのアドバイス

　自分の意識が手の先に行っていない子は、グーチョキパーもしっかりできません。そのような状態では、ものを持ったり鉄棒を握ったりすることにも困難があるでしょう。中にいろいろな素材が入っているおもちゃは、手や指で感じることを楽しみながら、細部までボディイメージを育てることができると思います。

材料

- 布：10×20㎝（中身を変える場合は同じ素材で統一する。布の感触を変える場合は、なるべく同じ色で数種類の布を用意する）
- ボタン：直径18〜23㎜１個・力ボタン１個（なくてもよい）
- 中身：レジ袋・発泡トレイ・ウレタン用梱包材・エアパッキング・化繊綿など、手触りが異なり、洗える素材を数種類

作り方

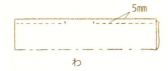

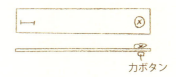

❶ 布を中表に半分に折り、図のように端を縫う。

❷ ①の縫い目が中心になるように位置をずらして両端を縫い、中央の返し口から表に返す。

❸ 片方にボタンをつけ、もう一方にミシンでボタンホールを作るか、手縫いでボタン穴の周りの始末をする。ボタンの裏側に力ボタンを付けると丈夫になる。

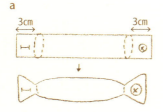

❹ a 端から３㎝の位置を一重にして輪に縫って縮めると、キャンディの形になる（写真左）。
　 b 端を２枚一緒に縫うと、平らな形になる（写真右）。

❺ 中にいろいろな素材を入れて、返し口をすくいとじで閉じる。

その2

当てっこひきだし

引き出しにも小箱にもなります。マジックテープは外箱どうしをつないで、たんすのようにするためにつけましたが、なくてもいいと思います。

> **提案**
> ● 見えなくても本当はあるんだよ、ということを、あそびの中で伝えられるように、中身を当てっこして遊べるような小さな引き出しはどうだろう。［保育士］

試作への道筋

① サイズ的には、牛乳パックで作るサイコロの大きさくらいが適当ではないか。それを何個か作るとおもしろいかも。でも牛乳パックを布で包んだだけでは、幼児が何回も出し入れする間に壊れてしまうことが予測される。

② 布をサイコロの展開図のような形に縫って、芯にプラスチック段ボール（プラ段）と呼ばれる素材を入れよう。

③ 外箱と引き出しの両方を立方体にして、外箱をかぶせたら小箱としても使えるようにしよう。色は中身への想像力が膨らみやすいように、パステル系で。

伊藤さんからのアドバイス

- 引き出しは、見える・見えないのイメージ力のトレーニングになります。赤ちゃんがいないいないばあをよろこぶのは、見えなくても誰かがいることを予測できる力が育ってくるからです。
- 「そおっとやる」という意味がわからない子には、中身を満杯にして、こぼさないように出すよう促すときに「そおっとやってみようね」と声をかけると、言葉の意味と行動をマッチさせる助けになるかもしれません。
- 子どもに平衡感覚が育っていないと、何でも片手で何とかしようとしたり、組み合わせてあるものをバラバラにできなかったりします。この引き出しは、左右の手を使わないと開閉できないところがいいと思います。こうした微細運動は、言葉の発達につながります。

材料

【1セット分】
- 布：シーチングの淡い色　90×50cm
- 芯：プラスチック段ボール　20×15cm

作り方

❶外箱は一辺が7.5cm、内箱は6.5cmで、区のように底面を中心とした十文字型に型紙を作る。布を中表に半分に折って型紙を写し、返し口を開けて線の通りに縫う。内箱には指をかけるためのくぼみは不要。

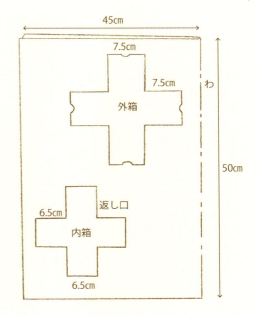

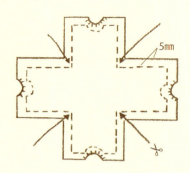

❷①の周囲に5mmの縫い代を付けて裁ち、各辺のくぼんでいるところに切り込みを入れて、表に返す。

❸プラ段を外箱用に7cm角で5枚、内箱用に6cm角で5枚切り、角を斜めに切る。プラ段を返し口から順に入れて、返し口を閉じる。

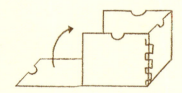

❹③を箱の形に組み立てて、四辺をすくいとじでしっかり縫い合わせる。

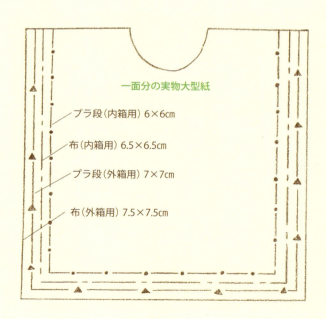

一面分の実物大型紙

プラ段(内箱用) 6×6cm

布(内箱用) 6.5×6.5cm

プラ段(外箱用) 7×7cm

布(外箱用) 7.5×7.5cm

その3 足裏マット

A. ストローパイプ
B. 低反発ウレタン
C. 荷造りひも
D. 太めのホース
70cm × 45cm

表に凹、裏に凸のマジックテープをつけるので、縦横自在につなぐことができます。

> **提案**
> ● さまざまな感触の素材を縫い込んで、その上を歩いたり座ったり、寝転んだりすることで、足の裏やからだの感覚を刺激するようなマットがあれば。ゆるいスロープや階段に広げられるともっとよい。（保育士）

試作への道筋

①大きさとして、作りやすく洗濯もしやすいようなものにしたい。床の上で滑らないようにすることも必要。丈夫な布で作らないと破れる心配がある。

②中に入れる素材ごとに小ぶりなマットを何枚か作り、裏がゴム製の玄関マットに縫いつけて、マジックテープでつなぐようにしてみよう。そうすれば必要な枚数を作って、縦一列や横一列、長方形など自由に並べられる。淡い色のほうが抵抗なく乗れると思う。その分汚れやすいが、1枚だけを洗うことができる。

伊藤さんからのアドバイス

足裏の刺激はとても大切です。このマットなら並べる順番を変えられるので、中の素材によって子どもがよろこぶ順にしたり、指導者が体験させたい順に並べたり、その都度並べ替えられるのもおもしろいです。

材　料

- ●マット：裏がゴム製の玄関マット。試作品は100円ショップで315円で販売されていた、45×70㎝の「マルチマット」を利用
- ●布：薄手のジャージやスウェットなどの柔らかくて少し伸縮性がある布の淡い色とシーチング生成。用尺はマットの大きさプラス10㎝（今回の場合は1枚につき、55×80㎝）
- ●中身：低反発ウレタン・柔らかくて太いホース・化繊の荷造りひも・ストローパイプ（パイプ枕の補充用）など洗える素材

作り方

A．ストローパイプ（パイプ枕の補充素材）

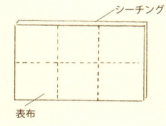

❶表布とシーチングを重ねて、図のようにミシンをかける。

❷ストローパイプ500ｇを6か所に均等に入れて、周囲を粗く縫いとめる。→Eへ。

B．低反発ウレタン

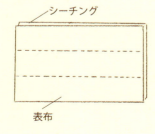
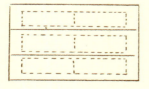

❶表布とシーチングを重ねて、図のようにミシンをかける。このミシンステッチは、マットの中でウレタンが動かないようにするためなので、ウレタンの形や大きさによって工夫する。

❷市販の低反発ウレタンクッションの中身を切り分けて、図のようにミシンの縫い目の中に入れる。→Eへ。

C．荷造りひも

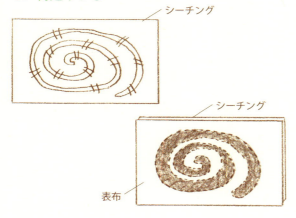

❶荷造りひも1m3本を三つ編みにする。同じものを3本作り、それらをさらに三つ編みにする。それをシーチングの上に、中心からうず巻き状に乗せて、順に粗く縫いとめる。

❷❶に表布を重ねて、ひもの周囲に中心からしつけをかけて、ミシンをかける。→Eへ。

D．太めのホース

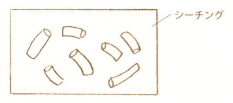

❶ホース1mを5～20cmほどの間で適当な長さに切り、シーチングの上に自由に乗せる。

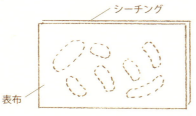

❷❶に表布を重ねて、中ほどにあるホースから順に、周囲にしつけをかけてからミシンをかける。→Eへ。

E．共通

❶ マットの裏にマジックテープ凸をミシンまたは、たてまつりで縫いつける。

マジックテープは5×2.5cmで四隅を斜めに切っておく。

❷ A〜Dの四辺の端を折り、マットの表側の縁の内側に乗せて、大きさを調整する。マジックテープ凹を、布だけにまち針でとめる。

❸ ❷からA〜Dの布をはずし、マジックテープ凹をミシンまたはたてまつりで縫いつける（❷の状態でマットも一緒に縫うのは、厚みがあって困難。ミシンはマットのゴムが邪魔をしてかけにくい）。

❹ ❸をもう1度マットの上に乗せて、周囲をたてまつりで縫いつける。

※足裏マットの作り方は、マットの寸法や中に入れる素材によって異なります。ここで紹介した方法を参考にして、材料に合わせて工夫してください。

その4 布絵本「くまさんのおうち」

　窓を開けるとおうちの中の様子が少し見えて、ボタンをはずすと全部見えます。おふとん（ベッド）・トイレ・食事・おでかけ（登園）・絵本（あそび）・お風呂という、くまさんの日々の暮らしの様子を一緒に見ながら、お話してあげてください。食事はお皿を裏返して「ごちそうさま」にできます。屏風のように折りたたんで絵本のようにページをめくっても、全部広げても遊べます。屋根の色とおうちの中の様子を表す色が同じです。

提案

- いろいろな形の家に窓があり、のぞくと少し中の様子が見えて、全部めくると細長い家にはキリンがいるなど、家の形に合った動物がいるような布絵本があったら、楽しいだろうな。［子どもセンター職員］
- プレイマットは、床で遊び込む姿勢が難しい子もいるので、タペストリーのように壁面で遊べるものがほしい。［保育士］

試作への道筋

①繰り返しは子どもの興味をひくと思う。療育おもちゃとしては、家の形をそろえて、家の中は生活に密着した内容のほうがいいかも。
②家をシンプルなデザインで統一して6軒にし、中身は起床・排泄・食事・登園・絵本（あそびや勉強）・お風呂の様子をアップリケして、それぞれに遊べる要素を入れる。屏風折りに長く作れば、たたんでも、広げて床に広げたり壁に貼っても見られる。屋根の先にボタンをつけて開閉できるようにすれば、指先を使ったあそびもできる。

伊藤さんからのアドバイス

- 同じ形の家を見る、同じ形の窓や家全体を開けたり閉めたりするという繰り返しは、子どもの内的なリズムを作ります。それを何度もやることで、世の中にはリズムがあることに気がつきます。
- ただし最初から全部開閉したり中身の説明を求めたりせず、自分で気づくのを待つことも大切です。あそびは安心して楽しめることが基本です。

材 料

- 土台布：無地の木綿地25×115㎝を2枚（内側と外側は、同じ色でも色違いにしてもよい）、シーチング薄黄色40×60㎝・カラーひも20㎝×4本
- 接着芯：120×100㎝（アイロン接着タイプが使いやすい）
- フェルト：薄黄色40㎝角3枚・屋根の色1軒につき20㎝角1枚、アップリケに使う色
- ボタン：直径18㎜6個
- その他：シャワー＆カバンのひも・丸ゴム・マジックテープ・刺しゅう糸

作り方　＊単位はcm

❶ 必要なパーツを裁つ。シーチングで作る家の壁には縫い代1cm必要。他のフェルトパーツは縫い代不要。

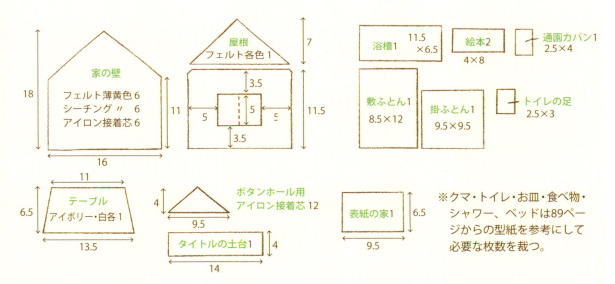

家の壁　フェルト薄黄色6／シーチング〃6／アイロン接着芯6　18×16

屋根　フェルト各色1　7／11×11.5　（3.5／5／3.5、5）

浴槽1　11.5×6.5
絵本2　4×8
通園カバン1　2.5×4
敷ふとん1　8.5×12
掛ふとん1　9.5×9.5
トイレの足　2.5×3

テーブル　アイボリー・白各1　6.5／11／13.5

ボタンホール用アイロン接着芯12　4／9.5

タイトルの土台1　4／14

表紙の家1　6.5×9.5

※クマ・トイレ・お皿・食べ物・シャワー、ベッドは89ページからの型紙を参考にして必要な枚数を裁つ。

❷ 壁のシーチングの裏側にアイロン接着芯を貼り、縫い代を内側に折る。

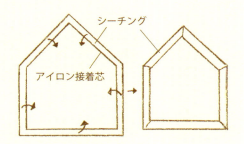

❸ フェルトの壁と屋根にも裏側に接着芯を貼る。

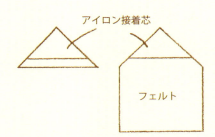

❹家の中の様子をアップリケする。刺しゅう糸は2本取りで、指定以外はたてまつり。クマの目と鼻はフレンチナッツステッチ。

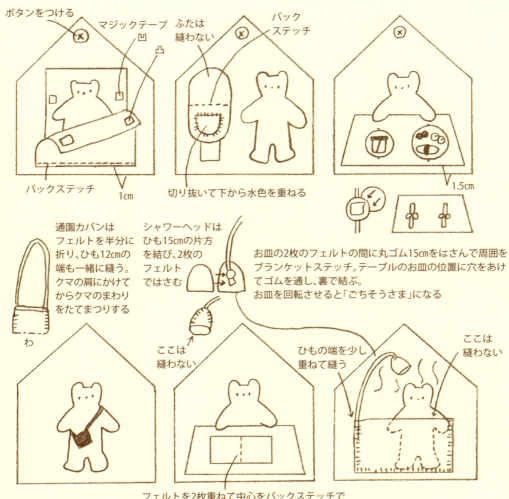

❺家の外側を作る。

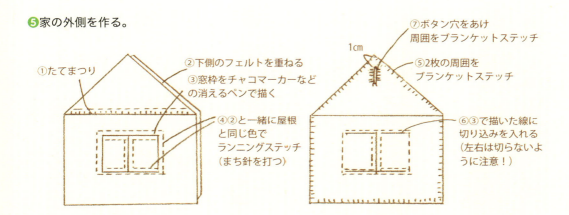

❻土台布を次のように裁ち、❹❺をつける。
（1）できあがり寸法22×111cmに縫い代1cmを加えて裁つ。
　　 1ページの大きさが22×18.5cmなので、厚紙でその型紙を作って並べてチャコやマーカーで線を描き、全体に縫い代を付けるとよい。
（2）内側の布には、アイロン接着芯を22×111cmまたは1ページ分×6枚に裁って貼る。

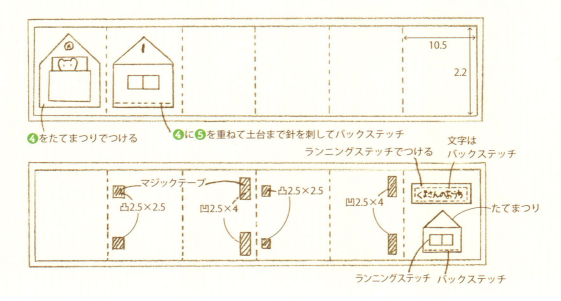

❼❻を中表に重ね、とじひも4本を挟んで周囲を縫う。
その際、ほぼ1ページ分を返し口として開けておく。

❽返し口から全体を表に返し、アイロンで形を整える。
返し口をすくいとじで閉じたらできあがり。

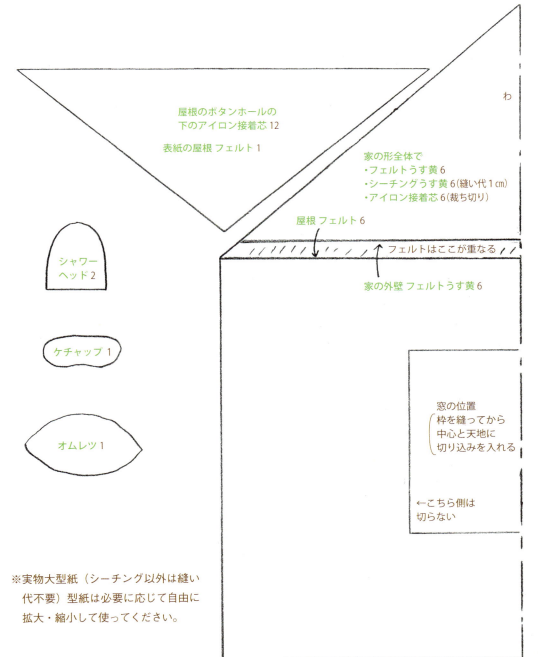

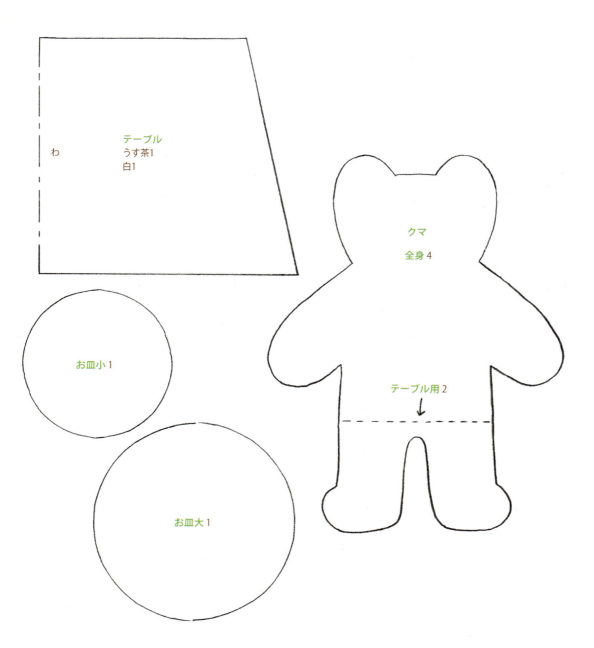

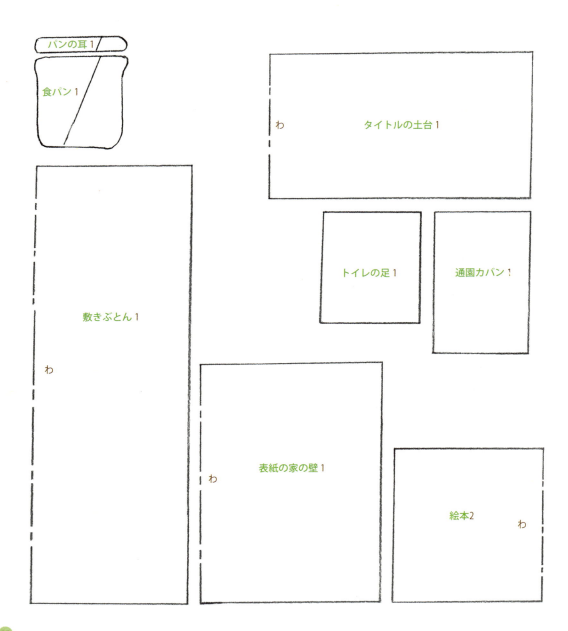

あとがき

　布おもちゃ作りを仕事にして27年になりますが、この本では京都新聞の連載をもとに、初めて布以外の材料を使ったおもちゃの作り方を紹介しました。

　子育て支援事業などへ布おもちゃ作りの講座にうかがうと、針仕事は苦手だという若いお母さんに出会うことがあります。

　縫い物には時間がかかりますが、無心になれるひとときでもあります。でも不器用だという思い込みで尻込みしてしまうなら、切ったり貼ったりして作れるおもちゃが手作りの入り口になればと思います。子どもの興味に合ったものを作るという動機、作っているときの気持ち、完成したときの達成感や、子どもの笑顔を目の当たりにするよろこびは、どんな材料でも同じです。そして身近にある素材を使えば、簡単に作れて工夫の幅も広がることを私も実感しました。この本をきっかけに、ものづくりの楽しさに目覚めていただけたらうれしいです。

　ところで本を作るという作業には、たくさんの人の手がかかっているといつも感じます。この本も同じです。連載を依頼してくださった京都新聞文化部記者の太田敦子さんは、ご自身も子育て中で、数年前に出会いました。モデルになってくれた鈴木アンナちゃんとクルミちゃんは、2人のお姉ちゃんであるマリンちゃんがおなかにいるときに、お母さんが布おもちゃ作りの教室に来られて以来、お付き合いが続いています。もうひとりのモデルの八木雅ちゃんは、撮影場所に偶然遊びに来て協力してくれました。写真は、今は沖縄の座間味島で暮らしている、長女ゆいの手を煩わせました。そして編集の伊藤愛さんは、17年前にグループ会社のウインかもがわから、初めて布おもちゃの作り方の本を出したときにもお世話になり、今回はデザイナーの菅田亮さんとの二人三脚で、素敵な本に仕上げてくださいました。皆様に感謝します。

PROFILE ● 大江委久子（おおえ いくこ）

1958年京都市に生まれる。1989年より布おもちゃTA-TAN（たあたん）を主宰。自らの子育ての中から生まれた布おもちゃの作り方を本に著したり、材料キットを準備して、子育て支援事業や図書館事業、保育者研修などに各地へ出向いている。子育て雑誌や学校教材会社の家庭科教材にもデザインを提供。著書に『ちくちくぺちゃくちゃ布おもちゃ』『手作り・子育て・布おもちゃ』ウインかもがわ、『くらしに布おもちゃ』銀河出版舎など。

モデル●鈴木アンナちゃん・鈴木クルミちゃん・八木　雅ちゃん
写　真●大江ゆい
装丁／デザイン●菅田　亮

＊Chapter 1 は京都新聞連載「身近な材料で作って遊ぼう！」（2015年1月～8月）をもとに加筆・修正しています。

遊んで育つ手づくりおもちゃ

2016年 5 月31日　初 版 発 行
2016年11月30日　第 2 刷発行

著　者●ⓒ大江委久子 ｜Ooe Ikuko｜
発行者●田島英二
発行所●株式会社 クリエイツかもがわ
　　　〒601-8382　京都市南区吉祥院石原上川原町21
　　　電話 075(661)5741　FAX 075(693)6605
　　　http://www.creates-k.co.jp　info@creates-k.co.jp
　　　郵便振替　00990-7-150584
印 刷 所●シナノ書籍印刷株式会社
ISBN978-4-86342-186-8 C0036　printed in japan

布おもちゃ TA-TAN のご案内

出前教室　各地の子育て支援センターや公民館、図書館、児童館などへ、材料キットを用意して出前教室にうかがっています。子育ての話も交えながら簡単な作品を作ります。

キット＆著書の販売　キットは短時間で作れるものを中心に、皮がむける果物や6つに切れるケーキなどもご用意しています。いずれも「ここを縫いますよ」という線を描き入れ、刺しゅう糸や綿もセットにして、全国どこへでもお届けします。著書は本書と下記の3冊を取り扱っています。

[材料キットの一例]

タマゴからヒヨコ
タマゴをクルッと返すとヒヨコが生まれます。

ネコとネズミの追いかけっこ
一つのボディがネコになったりネズミになったり。

プチいないいないばあ
小さい筒からネコが顔を出したり隠れたり。

[著書の一例]

『ちくちくぺちゃくちゃ布おもちゃ』　ウインかもがわ
著者の妊娠・子育ての中から生まれた布おもちゃ24点の作り方を、その背景とともに紹介。巻末に著者がこの仕事を始めた過程を綴っています。

『手づくり・子育て・布おもちゃ』　ウインかもがわ
初めての幼稚園・保育所生活を迎える親子に向けて、布おもちゃのほか、絵本かばんなどの入園準備品も、関連したエピソードとともに紹介。

『くらしに布おもちゃ』　銀河出版舎
2008年に京都新聞夕刊に毎週連載した布おもちゃ50点を収録。日々の暮らしに根ざした季節感のある作品は、どなたにも楽しんでいただけます。

いずれも詳細はHPをご覧いただくか、下記アドレスまでお問い合わせください。

布おもちゃ TA-TAN
E-mail：ta-tan@js8.so-net.ne.jp
HP：http://www006.upp.so-net.ne.jp/TA-TAN/

好評既刊

ていねいな子育てと保育
児童発達支援事業の療育

近藤直子
全国発達支援通園事業連絡協議会／編著
A5判 200頁　本体1800円

根拠法、運営費や利用者負担の仕組みが大きく変わる制度改定を重ねてきた児童発達支援事業。どんなに制度が変わっても、大切にしているものは変わりません。逃げ出してしまう子も、泣いてそっくり返っている子も、ただ黙っている子も「あれ？　楽しいな」と思える瞬間をつくりたい──そんな子どもと親を真ん中にした全国の療育実践から、児童発達支援事業の役割を伝えます。

子どものねがい子どものなやみ　改訂増補版
乳幼児の発達と子育て

白石正久／著
A5判 226頁　本体2000円

発達とは、矛盾をのりこえること。現実の自分を前に苦しんでいる、しかし、発達への願いを放棄しない心を感じ合える。そんなとき、ともに前を向いて、いっしょに矛盾をのりこえていく力も生まれてくる。だからこそ…発達の矛盾をみつめることは、人と人の絆をつくる。具体的でやさしい記述、たくさんの若い保育者・教師・親御さんに。

子どもの気持ちがわかる本
こころの安心の貯金通帳

家森百合子／著
A5判 200頁　本体2000円

ほめるのが苦手なお母さん、いませんか？
普段の生活の中で、タイムリーにほめるなんてますますむずかしい。どうしたらいいの？　そんなときこの本を開いてみてください。子どもの気持ちがきっとみえてきます。

自分を好きになる力
豊かな発達保障をめざして

近藤直子／著
A5判 112頁　本体1200円

ふくらみはじめる発達の芽を見逃さず、よりそい、花咲かそう！
発達とはできることの積み上げではなく、自分がこうなりたいと思って変わっていくこと。子どもの本当の願いにせまり、主体性をどう発揮させるかが大切。発達保障の歴史に学びながら、仲間とともに、子どもたちが豊かに育つ生活をつくっていこう──ベテラン先生のやさしくて熱いメッセージ。

遊びたいな　うん　遊ぼうよ
発達を促す手づくり遊び

仙台市なのはな共同ホーム／編
A5判変型 132頁　本体1800円

保育・療育実践にうらづけられた遊びの本。
なのはなホームの「よく遊び、よく食べ、よく眠る」生活リズムを確立することを大事にする取り組みと、子どもの発達に寄り添う保育・療育実践から生まれた手づくり遊び集。